IL ÉTAIT UNE (*mini*) FOIS

Il était une (mini) fois,
des histoires fortes, des récits venus d'ailleurs
merveilleusement écrits par des conteurs d'aujourd'hui.
Il était une (mini) fois,
des classiques à découvrir dans leur version d'origine
ou écourtés avec un grand respect.

À Irène et Carl,
qui sont poésies.

Qui donc peut, selon son humeur,
Changer de rime, de couleur,
Changer le sens, changer de ton ?

Le poète caméléon.

Pierre Coran

Méli-mélo

25 POÈMES
ET COMPTINES

Didier Jeunesse

Pour colorier

Pour colorier,
A B C D

Il faut des gouaches,
E F G H

Des aquarelles,
I J K L

M N O
Des pinceaux,

P Q R
De l'eau claire,

S T U
Un tissu,

V W
Pour effacer

Les taches faites
Sur la moquette,

X Y Z.

Do Ré Mi Fa Chol

Do
Ré
Mi
Fa
Chol
La
Chi
Do

Chuinte une chouette
Qui chante haut.

Do
Chi
La
Chol
Fa
Mi
Ré
Do

Chuinte une chouette
Qui chante faux

Dans la chorale des oiseaux.

Par-dessus la haie

Par-dessus la haie
Fleurant l'aubépine,
Je t'ai vue chanter,
Petite cousine.

Par-dessus la haie,
Je t'ai vue chanter.

Par-dessus la haie
Fleurant l'aubépine,
Je t'ai vue danser
Comme ballerine.

Par-dessus la haie,
Je t'ai vue danser.

Par-dessus la haie,
La haie d'aubépine,
Je t'ai vue tomber
Parmi les épines.

Par-dessus la haie,
Je t'ai vue pleurer.

Par-delà la haie,
Malgré les épines,
Tu m'as vu sauter,
Petite cousine.

Par-delà la haie,
Je t'ai embrassée.

Tortues

Tortue de mer,
Tortue de terre,

Du sud au nord,
Bien malin qui connaît son âge.

La tortue est un château fort
Qui voyage.

Carabin, carabine

Carabin, carabine,
J'ai fait un chapeau d'Indien
Du chapeau de tante Aline.

Carabin, carabine,
J'ai mis un masque africain
Dans le lit de ma cousine.

Carabin, carabine,
J'ai arrosé de sel fin
Le thé et la grenadine.

C'est la guerre à la maison.
Carabine à plomb !

Ma cousine est en colère.
Carabine à air.

Tante Aline est sur les dents.
Carabine à blanc.

Mais nul ne sait que c'est moi.
Carabine en bois.

L`ara et le chat

Dans un hamac

De bric-à-brac,

A cappella

Chante un ara.

Non loin de là,
Abasourdi,

S'agite un chat.
Charivari !

Lors pour l'ara,
C'est l'hallali.

À la chasse aux hérissons

À la chasse aux hérissons,
On se pique, pique, pique.

À la chasse aux hérissons,
On se pique les talons.

Si les talons, tu te piques
Aux piquants des hérissons,

Pas de nique ou de panique,
Pas de pique ou de bâton,

Piquenique et niquedouille,
Va donc chasser la grenouille.

Devinette

Qui relie les lilas
Au halo de la lune,

Entoile un matelas
Sur le lit d'une dune ?

Qui s'effile et se drape
En sa cape d'écume

Et qui replie la nappe
Si le soleil s'allume ?

C'est *la brume.*

Les yeux qui pleurent

Tes yeux pleurent.
Es-tu triste ?

As-tu peur
Du dentiste ?

Qui t'a fait
De la peine ?

Un distrait,
Un sans-gêne ?

Dis, pourquoi
Ces joues sales ?

As-tu froid ?
As-tu mal ?

– Oh ! Assez de questions !
J'ai pelé des oignons.

Petit oiseau

Que tu es beau
Mais étourdi,
Petit oiseau
Tombé du nid.

Entre mes doigts,
Tu te sens mieux.
L'eau que tu bois
Rit dans tes yeux.

De ma fenêtre,
Tu vois ton nid.
Demain, peut-être,
Tu auras fui.

Le monde est grand,
Mais peu importe :
Le ciel t'attend
Devant ma porte.

Vœu pieux

De calices
En corolles,

Libellule glisse,
Vole, glisse, vole.

De calices
En corolles,

Libellule glisse,
Vole et se désole,

Libellule pleure
De n'être pas fleur.

Riz, raz, ru, rets

Riz, rions.

Raz, ramons.

Ru, ruons.

Rets, rêvons.

Rions, ramons, ruons, rêvons :

Le compte est bon.

Trouvailles

Dans le garage, j'ai trouvé
Un petit crapaud égaré
Et un second le lendemain.

Comme ils tremblaient entre mes mains,
À mi-voix, je leur ai parlé,

Les ai confiés à un buisson,
Toujours le même,

Content que de deux vagabonds
Naisse un poème.

Le phacochère

Un phacochère,
Mon cher,

N'est pas un chinchilla,
Un chafouin,

Un choucas,
Un chouan,

Ni un chihuahua.

Un phacochère, mon cher,
Est un phacochère.

Et c'est bien comme ça.

Le tapir

Un tapir
A fait pipi
Sur le tapis.

Tapis roux,
Tapis lent,
Tapis roulant.

Le tapir
Qui fit pipi
Sur le tapis

S'est tapi
Tout dépité
Sous l'escalier,

Tapis roux,
Tapis mou,
Tapis mouillé.

Je suis dans mon lit

Je suis dans mon lit
Et il pleut dehors.

– Et alors ?

Au-dessus du lit,
La pluie fait ressort.

– Et alors ?

Le vent a grandi.
Les rideaux s'agitent.

– Et ensuite ?

Un éclair jaillit.
Une ombre apparaît.

– Et après ?

Je cligne des yeux
Et j'oublie mon corps.

– Et alors ?

Je ferme les yeux
Et alors, je dors.

S.m.s. à l`oiseau

Si du bout du bec,

Tu troques ton S

Contre un bel Y,

Ton nom – ô richesse ! –

Sur-le-champ recèle

Toutes les voyelles.

La montagne

Elle a des dents
En dents de scie,

Du coton blanc
Sur ses aiguilles

Et, à son pied,
Caché, couché,

Un chat attend,
L'oreille au vent,

L'eau à la bouche,
Le nez rubis,

Que la montagne,
Un jour, accouche

D'une souris.

La mer

La mer, à l'aube, est un théâtre
Dont la nuit ouvre le rideau.

La mer, le soir, reste un théâtre
Dont le jour tire le rideau.

Et c'est ainsi depuis toujours,
Côté jardin et côté cour.

Aurore

La terre est une boule.
Je la roule,
Je la roule.

La terre est une orange.
Je la mange,
Je la mange.

Dans le ciel, une étoile.
Je la cueille,
Je la cueille.

Le réveil ?
Le réveil !

Je m'éveille,
Je m'étonne,

Salue le soleil
Comme une personne.

Méli-mélo

Havresac, troïka,
Kaki,
Tiramisu,

Almanach, brouhaha,
Bigoudi,
Manitou,

Ammoniac, acacia,
Patchouli,
Marabout,

Yatagan, falbala,
Confetti,
Caoutchouc :

Mots chewing-gums
À mastiquer,
Au minimum,

Dans la journée,
Huit fois d'affilée.

La cane a ri

La cane a ri

Du canari

Qui s'est nourri

De riz pourri.

Elle a tant ri

Du canari

Qu'elle a péri.

Tant pis !

Au bois des pins

Au bois des pins,

Un lapin peint
La pie qui pille
Les fruits des pins.

Au bois des pins,

Renard épie
Lapin qui peint
Et pie qui pille.

Mais soudain,
Au bois des pins,

Plus de pie,
Ni de lapin.

Au bois des pins,

Sous la charmille,
Renard roupille,

Le ventre plein.

L`étoile

En ce soir de l'été,
Une étoile a filé.

Elle a franchi la zone
Du ciel ennuagé.

Il naît des ombres jaunes
Sur l'horizon masqué.

La brume est cerf-volant.
Des oiseaux s'égosillent.

Comment en cet instant...
Ne pas louer la vie ?

Une étoile a filé
En ce soir de l'été.

À quoi bon faire un vœu ?
L'étoile est dans mes yeux.

Et à présent, méli-mêlez le rêve et la réalité,
squattez la Lune et restez-y.

À vos plumes et à vos souris !

Dans la même collection

Aïcha et l'Ogre, de Praline Gay-Para
Dame Hiver, de J. et W. Grimm
Les Habits Neufs de l'empereur, de Guy Prunier d'après H. C. Andersen
La Jeune Fille habillée en garçon, de Muriel Bloch
La Petite Sirène, de H. C. Andersen
Le Petit Poucet, de J.-P. Kerloc'h d'après Ch. Perrault
Le Premier Amour de Grand Corbeau, de Muriel Bloch
Peter Pan et Wendy, de J.-P. Kerloc'h d'après J. M. Barrie
Le Petit Chameau blanc, de Muriel Bloch
Les Trois Fileuses, de Sylvie Delom
Roméo et Juliette, de Valérie de La Rochefoucauld d'après William Shakespeare
Le Livre envolé de Piotr-Olivius Pilgrim, de Séverine Vidal
Le Magicien d'Oz, de J.-P. Kerloc'h d'après Frank Baum

60-62, rue Saint-André-des-Arts, 75006 Paris
www.didier-jeunesse.com
Conception graphique : Atelier SAJE
Photogravure : IGS-CP (16)
ISBN : 978-2-278-09883-5 • Dépôt légal 9883/01
Loi n° 49-956 du 16 juillet 1949 sur les publications destinées à la jeunesse
Achevé d'imprimer en France en décembre 2019 chez Jouve (Mayenne),
imprimeur labellisé Imprim'Vert, sur papier composé de fibres naturelles renouvelables,
recyclables, fabriquées à partir de bois issus de forêts gérées durablement.

Kristiane Ballert-Pyrowitz / Tetsche's Grüße · Trotz alledem